Ruedas salvajes

Las motos de motocross

GAIL TERP

BLACK RABBIT BOOKS

Bolt es una publicación de Black Rabbit Books
P.O. Box 227, Mankato, Minnesota, 56002
www.blackrabbitbooks.com

Michael Sellner, diseñador del interior
y investigación fotográfica

Información del catálogo de publicaciones de la biblioteca del congreso
Names: Terp, Gail, 1951- author.
Title: Las motos de motocross / by Gail Terp.
Other titles: Motocross Cycles. Spanish
Description: Mankato, Minnesota: Black Rabbit Books, [2024] | Series: Ruedas salvajes | Includes index. | Audience: Ages 8–12 | Audience: Grades 4–6 | Summary: "Take a look at a motocross cycle's unique features, exterior design, and the engine that powers it all. Translated into North American Spanish"—Provided by publisher.
Identifiers: LCCN 2022048022 (print) | LCCN 2022048023 (ebook) | ISBN 9781623108472 (library binding) | ISBN 9781623108731 (ebook)
Subjects: LCSH: Motocross—Juvenile literature. | CYAC: Motocross.
Classification: LCC GV1060.12 .T4718 2024 (print) | LCC GV1060.12 (ebook) | DDC 796.7/56—dc23/eng/20221021
LC record available at https://lccn.loc.gov/2022048022
LC ebook record available at https://lccn.loc.gov/2022048023

Impreso en China

Image Credits

Alamy: Cal Sport Media 5, 6, Mel Stoutsenberger 26-27; AP Images: Andrew Snook/Icon Sportswire 21, Ben Birchall 16, Garth Milan 21, Red Bull 16; Dreamstime: Alexander Blinov 14-15, Cia Pix 18-19, Mitrandir 9, 10-11, Thejokercz 21, Ventura69 25, Xmelicharj 22; Getty: MediaNews Group/Inland Valley Daily Bulleti 15, NurPhoto 25, pelucco 13, Sifian hayu Lucky riyanto 12; KillerMotorsports: RPS 9; RacerX: David Pingree 29; Shutterstock: aarrows 18, 24, Aleksandrs Bondars 18, Alexandru Nika 12, Christian Bertrand 22, Eugene Onischenko 31, foxaon1987 3, Maciej Kopaniecki 32, Pedro J. Parra cover, SOMMAI 1, Winner Creative 19

Contenido

CAPÍTULO 1

La gran carrera

Era la segunda **manga** de la carrera. Jeremy Martin y los demás motociclista esperaban en la línea de salida. Cuando apareció la bandera blanca, encendieron sus motores. Luego, cayó la puerta de salida. ¡Ya!

BELL
YAMAHA

"Moto" es la palabra francesa para motocicleta. "Cross" viene de cross country, un deporte en el que se corre sobre tierra y hierba. ¿Y si ponerlas juntas? ¡Motocross!

Por la victoria

Martin salió a toda velocidad. ¡Consiguió el **holeshot**! Pero dos motociclistas le seguían de cerca. Volaba tierra por todas partes. Martin mantuvo la ventaja en todos los saltos y curvas. En la última gran colina, voló por el aire. Al aterrizar, cruzó la línea de meta. ¡Ganó!

CAPÍTULO 2

Máquinas de carreras

Las motos de motocross son motos que están hechas para las carreras. Al ser fuertes y ligeras, son perfectas para la conducción todoterreno. Corren por **terrenos** brutos. ¡No les gustan las carreteras lisas!

Estas motos también se utilizan para el motocross de **estilo libre**. Los motociclistas se lanzan desde rampas. En el aire, realizan acrobacias increíbles.

COMPARACIÓN DE TAMAÑOS

Motocicleta para niños

Peso
130 a 150 libras
(59–68 kilogramos)

Altura
18–27 pulgadas
(46–69 centímetros)

Largo
56 pulgadas
(142 cm)

Motocicleta para adultos

Peso
200 a 250 libras
(91–113 kg)

Altura
27–37+ pulgadas
(69–94+ cm)

Largo
87 pulgadas
(221 cm)

PIEZAS DE UNA MOTO DE MOTOCROSS

AMORTIGUADORES
MOTOR
ESTRIBO
FRENOS DELANTEROS

amortiguadores

llantas nudosas

palanca de freno

Motos bien diseñadas

Las motos de motocross tienen fuertes **amortiguadores**. Estos atenúan el andar brusco de la moto. Las llantas tienen nudos grandes para una buena **tracción** en la arena y el barro. Hay frenos delanteros y traseros. Los motociclistas los utilizan para tomar las curvas y controlar los saltos.

CAPÍTULO 3

Carreras de motocross

Una carrera de motocross se compone de dos carreras. Se llaman mangas. Cada manga comienza cuando cae una puerta de salida. Los motociclistas salen a gran velocidad. Toman curvas cerradas. Vuelan sobre todo tipo de obstáculos. Los motociclistas ganan puntos al final de cada manga. El que tiene más puntos gana la carrera.

Las carreras de supercross se hacen dentro de un **estadio**. Las pistas son más cortas. Los obstáculos están más juntos. Las carreras también son más cortas.

whoops

booters

Pistas de tierra

Cada pista es única. Están construidas en el terreno natural. Pero todas tienen las mismas características. Hay muchas curvas. Los whoops son una serie de montículos. Los motociclistas pasan por encima de ellos tan rápido como pueden. Los booters son saltos individuales. Son súper altos. Una serie de saltos tiene dos, tres o cuatro saltos seguidos.

Algunos motociclistas de motocross corren con motos modificadas en la nieve.

Motocross

en números

1906

AÑO DE LA PRIMERA CARRERA DE MOTOCROSS

30 cantidad promedio de motociclistas en una manga

6 horas

tiempo promedio de conducción con un tanque de gasolina

120 millas

(193 kilómetros) por hora

velocidad máxima de una moto de motocross

30 minutos

DURACIÓN DE UNA MANGA EN CARRERAS PROFESIONALES

CAPÍTULO 4

Entrenamiento para motocross

Los motociclistas de motocross entrenan mucho. Una salida rápida en una carrera es la clave. El primer motociclista consigue el holeshot, que es la mejor posición. También es importante tomar bien las curvas. Ayuda a evitar accidentes. También puede reducir por segundos el tiempo del motociclista.

Los accidentes ocurren. Los motociclistas también practican eso. Saber cómo chocar puede evitar lesiones. Los motociclistas se entrenan físicamente para mantenerse fuertes.

Airoh
5
10

FLY
RACING
28
26
YAMALUBE
COOPER

HABILIDADES DE ESTILO LIBRE

Las acrobacias de estilo libre son apasionantes. Los motociclistas saltan desde las rampas para realizar sus trucos.

¡Acrobacias!

WHIP

tanto el motociclista como la moto giran 90 grados en el aire

ATAQUE CARDIACO

el motociclista se aferra al asiento con los pies por encima de la cabeza

ROCK SOLID

el motociclista suelta la moto con ambas manos

Seguridad

El día antes de una carrera, los motociclistas recorren la pista. Aprenden dónde están las partes difíciles. Los motociclistas también revisan sus motos. Una moto debe estar en condiciones óptimas para competir. Los motociclistas llevan equipo de seguridad para protegerse de las lesiones.

La mayoría de los motociclistas de motocross son hombres, pero también hay mujeres. Algunas compiten contra hombres. Pero la mayoría compite en carreras exclusivas para mujeres.

630
82
722
78

EQUIPO DE SEGURIDAD

CASCO
GAFAS
GUARDAMANOS

Motos de motocross eléctricas

Las primeras motos de motocross eléctricas aparecieron en 2007. Algunos motociclistas ahora corren con ellas. Las motos eléctricas son más ligeras y silenciosas que las de gasolina. Pero la mayoría de las motos eléctricas son más lentas. Las nuevas baterías potentes pueden ayudar a cambiar eso. En el futuro, las motos eléctricas podrían dominar el motocross. Los fanáticos están entusiasmados por ver crecer este deporte.

101
HOTCAMS

amortiguador: un dispositivo que atenúa los golpes y las vibraciones en un vehículo.

estadio: un edificio con una gran superficie con asientos alrededor.

estilo libre: una competencia en la que los corredores realizan trucos y habilidades que se juzgan para ganar puntos.

holeshot: el primer corredor en pasar la primera curva en una carrera; el holeshot controla la delantera y generalmente gana la carrera.

manga: una de las carreras de motocross.

terreno: suelo o tierra.

tracción: el poder de agarre que impide que un objeto en movimiento resbale sobre una superficie.

ÍNDICE